essentials

Rudolf Thomas Inderst · Gaia Di Mauro
Michael Hebel · Sebastian de Andrade

Erfolgsfaktoren im Storytelling von Videospielen

Eine empirische Untersuchung von 50 preisgekrönten Titeln

Springer Vieweg

Rudolf Thomas Inderst (iD)
Hochschule Neu-Ulm
Neu-Ulm, Deutschland

Michael Hebel
Informationsmanagement
Hochschule Neu-Ulm
Neu-Ulm, Deutschland

Gaia Di Mauro
Neu-Ulm, Deutschland

Sebastian de Andrade
Hochschule Neu-Ulm
Neu-Ulm, Deutschland

ISSN 2197-6708   ISSN 2197-6716   (electronic)
essentials
ISBN 978-3-658-51693-2   ISBN 978-3-658-51694-9   (eBook)
https://doi.org/10.1007/978-3-658-51694-9

Die Deutsche Nationalbibliothek verzeichnet diese Publikation in der Deutschen Nationalbibliografie; detaillierte bibliografische Daten sind im Internet über https://portal.dnb.de abrufbar.

Was Sie in diesem *essential* finden können

- Eine systematische Analyse von Erfolgsfaktoren im Storytelling preisgekrönter Videospiele
- Empirische Untersuchung von 50 Titeln mit Fokus auf narrative Elemente wie Konflikt, Konsistenz und Twists
- Praktische Heuristik zur Bewertung narrativen Designs in interaktiven Medien
- Vergleich von Literaturstandards und Award-Jury-Kriterien

Vorwort

Videospiele haben längst ihren festen Platz in der Gegenwartskultur gefunden. Man sieht es nicht nur an der zunehmenden öffentlichen Aufmerksamkeit für den Deutschen Computerspielpreis, ein Ereignis, das mittlerweile live übertragen, politisch kommentiert und kulturell aufgeladen diskutiert wird, sondern auch an den international längst etablierten Auszeichnungen, bei denen Games selbstverständlich neben Film, Literatur und Musik stehen. Doch während das Publikum mit den Oscars oder dem Bambi groß geworden ist, bleibt bei Spielen oft die Frage offen: Was wird hier eigentlich ausgezeichnet und weshalb?

Zwischen der eigenen Spielerfahrung und der Meinung einer Jury spannt sich ein faszinierendes Feld auf: Was für den einen emotional bewegend ist, erscheint dem anderen mechanisch brillant oder erzählerisch gewagt. Doch jenseits subjektiver Eindrücke stehen handfeste Fragen nach Prestige, Preisgeld und der Aussicht auf Ruhm im Raum: Was muss ein Spiel leisten, um einen Preis zu gewinnen?

Diese Frage führt unweigerlich in den Kern der Game Studies und Game Production Studies. Gibt es Erfolgsfaktoren, die sich empirisch erfassen lassen? Muster, die sich in Preisträgern wiederholen? Und falls ja – sind sie ein Rezept für Erfolg oder nur analytische Hilfsmittel, die uns, wie Jesse Schells „Lenses" (Schell 2020, S. 30), helfen, unser eigenes Werk aus neuen Perspektiven zu betrachten?

Dieses *essential* richtet sich an alle, die diesen Fragen nachgehen wollen: interessierte Laien, Forscher wie Lehrende, ebenso wie an Spielschaffende, die verstehen möchten, welche Mechanismen, Narrative und Gestaltungsprinzipien den Erfolg eines Spiels prägen und was das über unsere Kultur erzählt.

Dieses Buch basiert auf der Bachelorarbeit von Frau Gaia Di Mauro im Studiengang Game-Produktion und Management an der Hochschule Neu-Ulm im

Wintersemester 2024/25. Diese kann digital über die Bibliothek bezogen werden. Zur besseren Lesbarkeit wird das generische Maskulin verwendet.

Neu-Ulm   Rudolf Thomas Inderst
im Mai 2026   Gaia Di Mauro
                                                                Michael Hebel
                                                      Sebastian de Andrade

Inhaltsverzeichnis

Über die Autoren

Rudolf Thomas Inderst (Dr. phil. Dr. rer. cult.) ist Professor für Game Design und Game Studies an der Hochschule für Angewandte Wissenschaften Neu-Ulm. Er leitet das Ressort Spielkultur beim Onlinemagazin TITEL kulturmagazin, gibt den Newsletter Game Studies Watchlist heraus und ist Gründer wie Host des Podcasts Game Studies des New Books Network. Er arbeitet an der Universität Vechta an einer dritten Promotion zum Komplex der Digitalspielpolitologie. E-Mail: rudolf.thomas.inderst@hnu.de

Gaia Di Mauro schloss ihr Studium in „Game-Produktion und Management" an der Hochschule Neu-Ulm im Jahr 2024 mit einer Bachelorarbeit über Erfolgsfaktoren für Storytelling in Videospielen erfolgreich ab. Während ihres Praktikums bei der Drakkar Società Cooperativa in Catania arbeitete sie als Narrative Designerin und Level Designerin für die Entwicklung des Abenteuer-Videospiels *Mirage 7*. Momentan studiert sie an der Technischen Hochschule Augsburg im Masterstudiengang Interaktive Mediensysteme.

Prof. Michael Hebel ist Professor für Game Art und Design an der Hochschule für Angewandte Wissenschaften Neu-Ulm und leitet den dortigen Studiengang Game-Produktion und Management. Er beschäftigt sich mit didaktischen Konzepten in den Bereichen Game Producing, Game Art und Game Design, der Formalisierung der Gameslehre, der Aussagekraft von Noten im Design und weiteren Aspekten der Design- und Gamedidaktik. E-Mail: michael.hebel@hnu.de

Sebastian de Andrade ist Informatiker (M. Sc. Applied Computer Science), Spieledesigner und freier Künstler. Er lehrt seit 2021 an der Hochschule Neu-Ulm u. a. die Kurse Game Art Fundamentals sowie Game Programming Fundamentals sowie Game Design und 2D Animations. De Andrade gründete 2014 seine Firma Andrade Games und veröffentlichte drei Spiele. In Zusammenarbeit mit dem Publisher Red Art Games entwickelte er für nahezu jede Spiele-Plattform. Er ist Spezialist für klassische Arcade-Games, Pixel-Art sowie Illustrationen und stellt regelmäßig seine Spiele in der RETRO.HK in Hong Kong aus. E-Mail: sebastian.de_andrade@hnu.de

Einleitung – Interaktives Storytelling und Narratives Design

Digitale Spiele gelten sowohl als ein erfolgreiches Wirtschafts- und Kulturgut, als auch als kontinuierlicher Technologietreiber. Zudem haben sich Games in den letzten Jahrzehnten als ein einflussreiches Erzählmedium etabliert (Inderst und Wagner 2022, S. 9–15). Die Fähigkeit, Spieler in eine dynamische Erzählwelt zu integrieren und ihnen Wirkmächtigkeit zu verleihen, eröffnet einzigartige ästhetische und dramaturgische Potenziale. Innerhalb der wissenschaftlichen Spielforschung sowie der Spielentwicklung wird eine starke narrative Struktur häufig als zentraler Erfolgsfaktor für digitale Spiele diskutiert (Murray 1997, Moser und Fang 2015), was sich auch in der zunehmenden Institutionalisierung von Auszeichnungen für herausragendes Storytelling manifestiert. Dieses spiegelt sich auch aufseiten der Games-Branche wieder: Renommierte Preise wie die The Game Awards (www. thegameawards.com) oder die BAFTA Game Awards (https://www.bafta.org/ awards/games/) widmen dem narrativen Design mittlerweile eigene Kategorien, was die wachsende Relevanz dieses Aspekts unterstreicht.

Die Forschungsliteratur zu narrativen Spielen bietet zahlreiche theoretische Ansätze und Richtlinien, etwa von Murray (1997), Ryan (2001) oder Juul (2005). Zentrales Instrument der Game Studies ist die Spielanalyse, da sie Interaktivität, Regeln und ludische Elemente berücksichtigt und damit über klassische Text- oder Filmanalysen hinausgeht. Sie liefert Erkenntnisse über Spielmechaniken, Spielerfahrung und die kulturelle Einbettung von Games. Zwar existieren Modelle des narrativen Designs, doch fehlen bislang empirische Studien, die ihre Relevanz für preisgekrönte Titel und Auszeichnungspraktiken belegen.

Das vorliegende Essential adressiert diese Forschungslücke mittels einer quantitativen Inhaltsanalyse von 50 digitalen Spielen, die in den vergangenen 15 Jahren mit narrativen Preisen ausgezeichnet wurden: Auf der Grundlage einer

1

R. T. Inderst et al., *Erfolgsfaktoren im Storytelling von Videospielen*,
essentials, https://doi.org/10.1007/978-3-658-51694-9_1

systematischen Literaturrezeption wurden zentrale Storytelling-Elemente identifiziert, die in der Fachliteratur konsistent als essentiell für qualitativ hochwertiges narratives Design beschrieben werden. Die ausgewählten Spiele wurden anhand von professionellen Rezensionen, akademischen Analysen und primärtextbasierten Close Readings auf die Präsenz dieser Elemente hin untersucht. Die Ergebnisse zeigen, dass die identifizierten Kriterien in ausgezeichneten Titeln weit verbreitet sind und sich daraus vier gemeinsame Erfolgsmuster ableiten lassen, die als Anzeichen narrativer Qualität gelten können.

1.1   Spiele als Erzählmedium

Seit Anbeginn der Zeit erzählen Menschen gerne Geschichten. Im Laufe der Jahrhunderte hat sich viel an der Art, wie wir Geschichten erzählen, geändert (Boyd 2017). Die Menschheit begann damit, Geschichten in Gemälden und mündlichen und schriftlichen Erzählungen auszudrücken; in der Neuzeit kamen Filme, Fernsehserien und zuletzt Videospiele hinzu.

Jedes Format hat seine Vor- und Nachteile: Eine geschriebene Geschichte regt die Fantasie des Lesers an, ein Film bietet Bilder und Töne, aber das Besondere an Videospielen ist ihre Interaktivität. Der Spieler hat nicht nur die Möglichkeit, die Geschichte zu erleben und sich als Teil davon zu fühlen, sondern in manchen Videospielen sogar zu entscheiden, wie die Geschichte weitergeht.

Jesse Schell erklärt in seinem Buch *The Art of Game Design,* dass eine Geschichte ein wichtiger Bestandteil von Videospielen ist und dass die erfolgreichsten Videospiele ein „starkes Story-Element" besitzen (Schell 2020, S. 401).

In den letzten Jahren hat sich die Bedeutung des narrativen Designs in Videospielen deutlich verändert. Hartmut Koenitz, Professor an der Södertörn-Universität in Stockholm, der sich mit interaktiven digitalen Erzählungen in Videospielen und anderen neuen digitalen Formaten befasst, definiert das narrative Design als „die Anordnung des Materials, das durch [prozedurale Komponenten, Benutzeroberfläche und Assets] bereitgestellt wird, die prozedurale Logik, die in einer [interaktiven digitalen Erzählung] angewendet wird, und die Art und Weise, wie diese Elemente über eine [Benutzeroberfläche] dargestellt werden, um einen partizipativen Prozess zu ermöglichen" (Koenitz 2023, S. 78).

Narratives Design umfasst insgesamt die Geschichte eines Spiels, beinhaltet jedoch auch Systeme, die die Geschichte interaktiv machen, während traditionelles Storytelling keine Interaktion bietet und im Allgemeinen als Handlung und Art und Weise, wie die Geschichte erzählt wird, bezeichnet wird. Während sich das Storywriting um das Verfassen der Geschichte bemüht, braucht es analog zum

Storytelling die Inszenierung derselben. Dabei wird je nach Medium in der Methodik unterschieden. Im interaktiven Medium Spiel umfasst das Narrative Design die (programmierten) Systeme, damit der Spieler mit diesen interagieren kann und durch diese die Geschichte erfahren kann. Dies wird nach Scott (Scott 2023) in Narrative Sytem Design und Narrative Content Design unterschieden. Die sogenannte „Narrative" ist, ähnlich wie das Storytelling, ein Begriff, der häufig verwendet wird, um die Technik zu beschreiben, mit der eine Geschichte erzählt wird. Er kann sich aber auch auf den Prozess der Erstellung einer Geschichte oder sogar auf die Geschichte selbst beziehen, wie zum Beispiel die Handlung.

Viele große Unternehmen der Branche, aber auch Indie-Studios, haben begonnen, komplexe Geschichten und Charaktere in ihre Spiele zu integrieren und/oder die narrativen Elemente so weit auszubauen, dass Narrative Designer, die früher im Entwicklungsprozess oft übersehen wurden (Skolnick 2014, S. 102), mittlerweile Drehbücher schreiben, die so lang und komplex sind wie Film- oder sogar Serien-Drehbücher. Die *Final-Fantasy*-Reihe (Square und Square Enix 1987-laufend) ist beispielsweise bekannt für ihre extrem langen Geschichten.

Storytelling in interaktiven Medien 2

„Interaktives Storytelling" ist das einzigartige Merkmal von Videospielen, das es den Spielern ermöglicht, Einfluss auf die Geschichte zu nehmen, aber auch einfach darauf, wie eine Geschichte erzählt wird. Interaktives Storytelling bezieht sich beispielsweise auch auf Situationen, in denen Spieler in einem Videospiel mit linearer Handlung entscheiden können, mit einem bestimmten NPC statt mit einem anderen zu sprechen, oder mit niemandem zu sprechen und daher bestimmte Informationen nicht zu erhalten.

Ein „Storytelling-Element" ist eine Richtlinie, die aus der Literatur über das Geschichtenerzählen abgeleitet wurde oder darin vorkommt.

2.1 Bekannte Storytelling-Elemente in digitalen Spielen

Für die Auswahl der Storytelling-Elemente wurde einschlägige Literatur herangezogen – sowohl Werke, die sich speziell mit Storytelling in Videospielen befassen, als auch solche, die allgemeine Erzählprinzipien behandeln oder das Thema nur teilweise auf digitale Spiele anwenden. Jedes Element wurde ausgewählt, weil in dieser Literaturauswahl das betreffende Element als notwendig für gutes Storytelling im Allgemeinen oder speziell für Videospiele bezeichnet wurde. Da keine professionelle Liste von „must-read"-Literatur zum Thema Storytelling in Videospielen gefunden werden konnte, wurden drei künstliche Intelligenzen (KI) mit der gleichen Frage konfrontiert: „Können Sie eine Liste von Büchern erstellen, die man für Storytelling in Videospielen unbedingt lesen muss?". Diese drei KIs waren

R. T. Inderst et al., *Erfolgsfaktoren im Storytelling von Videospielen*, essentials, https://doi.org/10.1007/978-3-658-51694-9_2

5

Copilot (Microsoft 2024), DuckDuckGo AI Chat (DuckDuckGo 2024) und Gemini (Google 2024).

Von allen Ergebnissen wurden nur fünf Bücher von mehr als einer KI genannt und nur drei Bücher wurden von allen drei KIs genannt. Die fünf Bücher waren *Game Writing: Narrative Skills for Videogames* von Chris Bateman (Hrsg.), *The Game Narrative Toolbox* von Tobias Heussner, Toiya Kristen Finley, Jennifer Brandes Hepler und Ann Lemay, *Level Up! The Guide to Great Video Game Design* von Scott Rogers, *The Art of Game Design: A Book of Lenses* von Jesse Schell, und *Video Game Storytelling: What Every Developer Needs to Know About Narrative Techniques* von Evan Skolnick. Die drei Bücher, die von allen KIs genannt wurden, waren *The Game Narrative Toolbox, Level Up! The Guide to Great Video Game Design* und *Video Game Storytelling: What Every Developer Needs to Know About Narrative Techniques*.

Die in der Literatur sich überschneidenden Storytelling-Elemente sind:

1. Konflikt (eng. conflict) konfliktgetriebene Geschichte
2. Konsistenz und Abwesenheit von Plotholes (engl. consistency)
3. bekannte Handlungsmodelle (eng. story models)
4. Überraschungen und Plot Twists (eng. surprises)
5. Protagonist mit komplexem Charakterbogen (eng. character arcs)
6. herausfordernder Antagonist (eng. challenging villain)
7. wichtige Nebencharaktere mit Charakterbogen (eng. character arcs)

Diese Elemente sind nicht alle, die in der ausgewählten Literatur aufgeführt sind, da einige davon, wie „Glaubwürdigkeit" aus dem Buch *Video Game Storytelling: What Every Developer Needs to Know About Narrative Techniques*, sehr subjektiv und/oder anhand von Spielerezensionen, Spielanalysen und persönlichen Analysen schwer mithilfe eines Punktesystems zu messen sind. Viele Elemente wurden der Klarheit halber umbenannt.

2.1.1 Konfliktgetriebene Geschichte

Eine konfliktgetriebene Geschichte ist eine Geschichte, in der die Hauptfigur, die dem Spieler zumindest ein wenig am Herzen liegen sollte, „etwas will oder braucht, aber jemand oder etwas im Weg steht" (Skolnick 2014, S. 7), wodurch ein Konflikt entsteht. Die Figur muss auf den Konflikt zumindest reagieren, muss aber irgendwann auch aktiv werden (Skolnick 2014, S. 40). Hat sie weder Wünsche noch Bedürfnisse noch einen Grund zum Handeln oder Reagieren, ist die Geschichte konfliktfrei und besteht lediglich aus einer Reihe von Ereignissen, die der Figur widerfahren (Skolnick 2014, S. 10–11). Wichtig zu beachten ist, dass Inaktivität nicht mit Passivität verwechselt werden darf. Wenn die Hauptfigur sich in einer bestimmten Situation entscheidet, nichts zu tun, ist die Entscheidung, nichts zu tun, an sich eine aktive Entscheidung. Beispielsweise unternahm Hamlet in William Shakespeares Tragödie *Hamlet* (Shakespeare 1599–1601) erst am Ende des Stücks etwas gegen seinen Onkel, da er sich bis zum Ende dagegen entschieden hatte. Seine Entscheidung, seinen Vater nicht zu rächen, ist eine aktive Entscheidung, die einen Konflikt schafft. Er sollte seinen Vater rächen, da die Gesellschaft es von ihm erwartet, aber er will nicht und erfindet Ausreden, um den Respekt seines Freundes Horatio nicht zu verlieren.

Wenn die gegnerischen Kräfte keinen Einfluss auf die Hauptfigur haben oder für sie keine Bedrohung darstellen, wird die Geschichte zu einer Reihe emotionsloser Handlungen der Figur, die sich langweilig oder sogar sinnlos anfühlen, da nichts wirklich auf dem Spiel steht (Skolnick 2014, S. 10–11).

Die Bedürfnisse oder Wünsche der Hauptfigur können äußerlich motiviert sein, wie etwa durch eine praktische Mission, den Bösewicht zu töten, um den Frieden wiederherzustellen, oder innerlich, wie die Gefühle der Figur, etwas oder jemanden nicht verlieren zu wollen (Heussner et al. 2024, S. 88). Obwohl die Bedürfnisse oder Wünsche in Videospielen typischerweise äußerlich sind, beinhalten gute Geschichten oft beide Aspekte (Heussner et al. 2024, S. 88–89).

2.1.2 Konsistenz und Abwesenheit von Plotholes

Konsistenz ist die korrekte innere Logik einer Geschichte. Sowohl die Welt, die Charaktere, die Handlung als auch der Ton müssen konsistent sein, damit sich das gesamte Spielerlebnis stimmig anfühlt. Kleinere Unstimmigkeiten werden vom Spieler jedoch in der Regel verziehen, solange die Erzählung das Spielerlebnis nicht negativ beeinflusst (Bateman 2021, S. 138).

Um eine konsistente Welt zu erreichen, müssen die physikalischen Gesetze und Regeln der Welt ausgewählt und während des gesamten Spiels befolgt werden (Heussner et al. 2024, S. 56; Skolnick 2014, S. 74–75). Beispiele für eine inkonsistente Welt wären etwa eine brennende Holzfackel, die unter Wasser nicht erlischt, oder ein historischer Anachronismus wie eine Geschichte, die im Mittelalter in Europa spielt und Tomaten enthält, obwohl diese Beeren erst in der Renaissance nach Europa kamen. Ein berüchtigter historischer Anachronismus findet sich im Film *Braveheart* (Gibson 1995), in dem viele Figuren einen Kilt tragen, Kilts jedoch Jahrhunderte nach den im Film dargestellten Ereignissen erfunden wurden.

Charakterinkonsistenz tritt auf, wenn eine Figur mit festgelegten Charaktereigenschaften auf eine Weise handelt, die nicht mit diesen Eigenschaften übereinstimmt oder ihnen sogar widerspricht (Skolnick 2014, S. 76). Ist eine Figur beispielsweise Pazifist und Feigling, wäre es inkonsistent, wenn sie plötzlich mitten in einer Schlacht rennt und jemanden tötet. Eine solche Handlung würde ihren Moralvorstellungen und ihrer Persönlichkeit widersprechen und wäre daher inkonsistent. Eine häufige Beschwerde über die Serie *Game of Thrones* (Benioff und Weiss 2011–2019) ist, dass sich eine der Protagonistinnen, Daenerys, ohne die notwendige Charakterentwicklung von einer gerechten Herrscherin zu einer mörderischen Tyrannin wandelt, was zu einer erheblichen Charakterinkonsistenz führt.

Eine Inkonsistenz im Handlungsstrang, allgemein bekannt als Kontinuitätsfehler, tritt auf, wenn ein Ereignis in der Geschichte einem anderen, früher stattgefundenen Ereignis widerspricht. Wenn eine Figur ihr Schwert verliert und es später im Kampf gegen einen Feind verwendet, liegt ein Kontinuitätsfehler vor. Im Prolog des Disney-Zeichentrickfilms *Die Schöne und das Biest* (Trousdale und Wise 1991) wird das Biest beispielsweise von der Zauberin verflucht und es heißt, der Zauber könne bis zu seinem 21. Geburtstag gebrochen werden. Im Prolog wird das Biest sowohl in den Szenen mit den Buntglasfenstern als auch auf einem Gemälde als Erwachsener gezeigt. Als das Biest am Ende des Films wieder in einen Menschen verwandelt wird, sieht es genauso aus wie auf dem Gemälde. In einem Lied enthüllt eine Figur jedoch, dass seit dem Fluch zehn Jahre vergangen sind und später wird gezeigt, dass der 21. Geburtstag des Biests naht, was bedeutet, dass das Biest ein 11-jähriges Kind war, als es verflucht wurde. Bei den Gemälden und Buntglasfenstern handelt es sich um Kontinuitätsfehler, da das Biest als Erwachsener und nicht als Kind dargestellt wird.

Diese Art von Inkonsistenzen werden oft als Plotlöcher bezeichnet.

Toninkonsistenz entsteht, wenn sich der Ton des Spiels plötzlich und ohne vernünftige Erklärung ändert (Bateman 2021, S. 52). Wenn ein Charakter gerade den brutalen Mord an einem geliebten Menschen miterlebt hat und um den Verlust des Opfers trauert, würde es Inkonsistenzen im Ton geben, wenn der Charakter plötzlich ohne Grund anfängt zu lächeln und Witze zu reißen. Beispielsweise wurde die Schauspielerin Kristen Stewart für ihre mangelnde emotionale Bandbreite in intensiven Szenen des Films *Twilight – Biss zum Morgengrauen* (Hardwicke 2008) kritisiert, was zu einem inkonsistenten Ton führte.

2.1.3 Bekannte Handlungsmodelle

Es gibt einige bekannte Handlungsmodelle, die häufig zur Erstellung von Geschichten verwendet werden.

Eines davon ist die Drei-Akt-Struktur von Aristoteles. In diesem Modell gibt es drei verschiedene Phasen, die „Akte", die in einer Geschichte immer vorkommen. Im ersten Akt, der sogenannten „Einführung", werden die Hauptfigur und ihre aktuelle Lebenssituation sowie ihre Welt vorgestellt. In dieser Phase gibt es auch die „grundlegende Wendung", die die Hauptfigur in den Hauptkonflikt der Geschichte einführt.

Im zweiten Akt, der „Konfrontation", muss die Hauptfigur Hindernisse überwinden, während sie versucht, den Konflikt zu lösen. Im weiteren Verlauf der Geschichte nimmt die Spannung zu, was gewöhnlich als „steigende Handlung" bezeichnet wird, und der Akt endet damit, dass die Hauptfigur besser weiß, wie sie den Konflikt lösen kann.

Im dritten und letzten Akt, der „Auflösung", versucht die Hauptfigur ein letztes Mal, den Konflikt mit unterschiedlichen Ergebnissen zu lösen. Der Protagonist kann entweder erfolgreich sein, was ein glückliches Ende bedeuten würde, oder scheitern, was ein trauriges und oft tragisches Ende zur Folge hätte. Bei beiden Arten von Enden wird eine Überraschung erwartet, bei einem glücklichen Ende wird diese in der Regel dadurch erreicht, dass die Figur den Konflikt auf unerwartete Weise löst, während bei einem traurigen Ende das Scheitern des Protagonisten an sich selbst die Überraschung ist. Nachdem der Konflikt gelöst ist, werden alle anderen Situationen, die noch nicht vollständig gelöst wurden, abgeschlossen, einschließlich des Schicksals der wichtigsten Figuren, und die Geschichte endet schnell (Skolnick 2014, S.13–15).

Ein Beispiel für diese Struktur findet sich in dem Buch *Harry Potter und der Stein der Weisen* (Rowling 1997) von J. K. Rowling.

Ein weiteres sehr beliebtes Erzählmodell ist die Heldenreise (Hero's Journey) (Vogler 2020), die von Christopher Vogler basierend auf dem Monomythos von Joseph Campbell entwickelt wurde. In diesem Modell muss es immer einen Helden geben, der meist zwölf bestimmte Phasen durchläuft. Die erste Phase wird „die gewohnte Welt" genannt und spiegelt die Einführungsphase der Drei-Akt-Struktur wider, in der die aktuelle Lebenssituation und Welt des Helden gezeigt wird, aber sie endet unmittelbar vor der grundlegenden Wendung. Auf diese Phase folgt der „Ruf zum Abenteuer", der die grundlegende Wendung darstellt. Danach folgt die „Verweigerung des Rufs", bei der der Held sich weigert, zur Lösung des Konflikts beizutragen.

Die vierte Phase ist die „Begegnung mit dem Mentor", in der der Held, wie der Name der Phase schon sagt, eine Mentorenfigur trifft, die ihm in irgendeiner Weise hilft und ihn ermutigt, sich auf die Suche nach der Lösung des Konflikts zu begeben. Danach folgt die Phase „Überschreiten der ersten Schwelle", in der der Held zustimmt, den Konflikt zu lösen, und sich auf die Reise begibt, d. h. die gewöhnliche Welt verlässt und die unbekannte „besondere Welt" betritt.

Die sechste Phase, die Phase „Bewährungsproben, Verbündete, Feinde", spiegelt die steigende Handlung der Drei-Akt-Struktur wider. Der Held lernt neue Freunde und Feinde kennen und überwindet viele Hindernisse. Nach dieser Phase folgt das „Vordringen in die tiefste Höhle", in der sich der Held auf den Kampf gegen den Bösewicht vorbereitet.

Die achte Phase ist „der Entscheidungskampf", in dem der Held kämpft, um den Hauptkonflikt der Geschichte zu lösen, und den Tod oder etwas, das für ihn von gleicher Bedeutung ist, in Kauf nimmt. Auf diese Phase folgt die „Belohnung", in der der Held zumindest einen Teil des Konflikts erfolgreich gelöst hat und etwas als Belohnung erhält. Die Belohnung kann ein Gegenstand, die Rettung eines Freundes oder auch nur eine neue Sichtweise sein. Obwohl der Held schon fast oder scheinbar gewonnen hat, vereinen die Feinde in der folgenden Phase, dem „Rückweg", ihre Kräfte wieder, und der Held steht erneut vor Hindernissen, während er entweder in die gewohnte Welt zurückkehrt oder seine Reise fortsetzt. Oft muss der Held fliehen. Auf diese Phase folgt die „Auferstehung", in der der Held ein letztes Mal gegen den/die Schurken kämpft oder ein Opfer bringen muss. Die Situation nimmt eine schlechte Wendung und der Held scheint besiegt oder sogar getötet zu werden, aber überraschenderweise gelingt es ihm, „aufzuerstehen" oder die Situation zu überwinden und den Konflikt vollständig zu lösen.

In der zwölften und letzten Phase, genannt „Rückkehr mit dem Elixier", kehrt der Held, der sich durch seine Reise verändert hat, schließlich in die gewohnte Welt zurück, die sich ebenfalls durch die Handlungen des Helden verändert hat, oder beginnt ein neues Leben. Wie in der Auflösungsphase der Drei-Akt-Struktur werden nach der Lösung des Hauptkonflikts alle anderen Nebenhandlungen, die offen geblieben sind, einschließlich des Schicksals wichtiger Figuren, abgeschlossen und die Geschichte endet (Vogler 2020, S.99–262).

Ein berühmtes Beispiel für einen Film, der diesem Modell folgt, ist *Star Wars: Episode IV – Eine neue Hoffnung* (Lucas 1977).

Ein weiteres bekanntes Handlungsmodell ist die Rahmenerzählung. In einer Rahmenerzählung gibt es mindestens zwei verschiedene Handlungsstränge. Die erste Handlung ist der wörtliche „Rahmen" für die zweite Handlung. Die Geschichte beginnt mit der ersten Handlung, die den Leser dann in die zweite Handlung einführt. Es kann mehr als zwei Handlungsstränge geben. Das Konzept besteht darin, eine Geschichte oder mehrere Geschichten innerhalb einer Geschichte zu haben, sodass nach der zweiten Handlung die erste Handlung wieder aufgenommen und abgeschlossen wird (Malewitz 2020). Ein Beispiel für diese Technik wäre die Märchensammlung *Tausendundeine Nacht (Tausendundeine Nacht*, n.p).

Wie Bateman in seinem Buch *Game Writing: Narrative Skills for Videogames* erklärt, sind Handlungsmodelle „Werkzeuge zum Verständnis der konventionellen Struktur einer Geschichte, keine [...] ewigen Gesetze, die nicht verändert werden können" (Bateman 2021, S. 82). Daher muss nicht immer jeder Schritt eines Handlungsmodells befolgt werden, damit die Geschichte noch als dem Modell entsprechend angesehen werden kann. So könnte in Geschichten, in denen der Protagonist die Reise antreten will oder muss, die Ablehnung des Anrufs ganz übersprungen werden, z. B. in *Harry Potter und der Stein der Weisen*, wo Harry die Dursleys verlassen will und nichts dagegen hat, nach Hogwarts zu gehen.

2.1.4 Überraschungen und Plot Twists

Überraschungen und Wendungen sind für eine gute Geschichte unerlässlich, denn wenn alles vorhersehbar ist, wird die Geschichte langweilig. Überraschungen sollten im Voraus festgelegt werden, einen Sinn ergeben und glaubwürdig sein. Sie sollten auch nicht auf Glück oder Zufall beruhen (Skolnick 2014, S. 88–90). Der Deus ex machina, zum Beispiel, einst eine gängige Methode zur Lösung des Endkonflikts einer Geschichte, gilt heute als eine besonders unwirksame Art der Überraschung. Ein Beispiel für einen Deus ex machina ist in der Tragödie *Medea* (Euripides, 431 v. Chr.) von Euripides zu finden, in dem Medea in einem ihr von Gott Helios geschenkten Wagen über der Bühne erscheint und, nachdem sie Jason mit seinem Verrat und seiner Respektlosigkeit konfrontiert hat, den Wagen benutzt, um nach Athen zu fliehen, um die Konsequenzen für ihre Morde an dem König, der Prinzessin und ihren eigenen Kindern zu vermeiden.

Ein Plot Twist kann als eine Überraschung definiert werden, deren Auswirkung auf die Geschichte so groß ist, dass sie die Geschichte wesentlich verändert. Verrat, vor allem von engen Freunden oder Liebhabern der Hauptfigur, wird oft als Plot-Twist verwendet. In dem Roman *Der Tod auf dem Nil* (Christie 1937) von Agatha Christie beispielsweise besteht eine der Wendungen darin, dass Linnet von ihrem Ehemann Simon und ihrer damaligen Freundin Jacqueline wegen ihres Geldes ermordet wurde.

Da „gute Geschichten das Publikum regelmäßig überraschen", werden zumindest ein paar Überraschungen in einer Geschichte erwartet (Skolnick 2014, S. 88).

2.1.5 Protagonist mit komplexem Charakterbogen

Ein Protagonist mit einem komplexen Charakterbogen ist ein Protagonist mit einigen klar definierten Persönlichkeitsmerkmalen, Interessen und einem moralischen Kodex, der sich durch die Ereignisse der Geschichte verändert (Skolnick 2014, S. 38–40). Es ist wichtig, dass die Figur „ihrem Wesen treu bleibt", während sie sich verändert (Bateman 2021, S. 88). Eine schüchterne und ängstliche Prinzessin, die zu einer furchtlosen und freimütigen Person wird, oder ein skrupelloser Söldner, der Schuldgefühle bekommt und schließlich zum Pazifisten wird, wären Beispiele für Figuren, die einen Bogen durchlaufen. Der Handlungsbogen muss nicht immer positiv sein (Bateman 2021, S. 88). Anakin Skywalker aus der *Star-Wars*-Reihe beispielsweise beginnt seinen Handlungsbogen als Held und wird später zum Bösewicht, nur um ganz am Ende seiner Geschichte Erlösung zu finden. Der Handlungsbogen muss auch nicht immer positiv enden. So beginnt Michael Corleone in der Filmtrilogie *Der Pate* (Coppola 1972–1990) die Geschichte als ehemaliger Marinesoldat, der sich aus den illegalen Geschäften seiner Familie heraushält und später zum Chef der kriminellen Organisation der Familie wird. Er rehabilitiert sich nicht und stirbt einsam in seinem fortgeschrittenen Alter, nachdem er seine geliebte Tochter aufgrund seiner kriminellen Handlungen sterben sah.

Natürlich sollte der Handlungsbogen auch einen Sinn ergeben und zu einem zufriedenstellenden Ende führen, das die Handlung logisch abschließt und die Charakterentwicklungen berücksichtigt.

2.1.6 Herausfordernder Antagonist

Einer der wichtigsten Bestandteile einer guten Geschichte ist ein herausfordernder Bösewicht. Der Bösewicht ist für den Hauptkonflikt der Geschichte verantwortlich und muss für die Hauptfigur eine schwierige Herausforderung darstellen, die es zu überwinden gilt. Ein herausfordernder Bösewicht sollte sich wie eine Bedrohung anfühlen, und in vielen Geschichten versetzt dies die Hauptfigur in die Position des Benachteiligten, was den Helden für die Spieler in der Regel sympathisch macht (Skolnick 2014, S.44; 46). Palpatine ist zum Beispiel der Hauptbösewicht in der *Star-Wars*-Reihe. Er ist ein Meister der Manipulation und plant sorgfältig seinen Aufstieg von einem Senator der Republik zu einem Tyrannen und Imperator. Er befiehlt auch den Bau des Todessterns, einer Raumstation, die ganze Planeten zerstören kann, und setzt sie ein, um eine Schreckensherrschaft zu errichten.

Der Bösewicht sollte sich „wie die ultimative Herausforderung anfühlen", daher „kann die Einführung eines neuen Feindes ohne Verbindung zur vorherigen Geschichte" als letzte Prüfung „die Wirkung eines Spiels schwächen oder ganz zerstören" (Bateman 2021, S. 48).

2.1.7 Wichtige Nebencharaktere mit Charakterbogen

Wichtige Nebenfiguren mit einem Charakterbogen haben das Potenzial, eine Geschichte für die Spieler interessanter zu machen, indem sie andere Charaktere als die Hauptfigur(en) darstellen, mit denen sich die Spieler identifizieren können. Sie können einen Charakterbogen erleben, der dem der Hauptfigur ähnelt (Skolnick 2014, S. 51–53; Bateman 2021, S. 88), wie die Figur Zuko aus der animierten Fernsehserie *Avatar – Der Herr der Elemente* (DiMartino, Konietzko 2005–2008), die ihren Bogen als Bösewicht beginnt und einen komplexen Erlösungsbogen durchläuft, bis er ein guter Mensch und ein Freund und Mentor des Protagonisten wird, oder sie können einen Umstandsbogen haben, einen Bogen, in dem die Figur im Grunde genommen dieselbe bleibt, sich ihre Situation aber vernünftigerweise ändert (Skolnick 2014, S. 53). So könnte eine Figur beispielsweise gezwungen sein, ins Exil zu gehen, während ihre Persönlichkeit und Moral unverändert bleiben.

Die Digitalspiel-Analyse 3

3.1 Anforderungen und Auswahl der Digitalspielpreise

Um die Auswahl der für diese Untersuchung analysierten Videospiele möglichst objektiv und unabhängig von persönlichen Vorlieben zu gestalten, wurden nicht einzelne Spiele, sondern die verliehenen Preise als Grundlage herangezogen. Videospiel-Preisverleihungen sind in der Regel jährliche Veranstaltungen, bei denen neue Videospiele oder Erweiterungen für ihre Leistungen in verschiedenen Kategorien gefeiert werden. Es ist mittlerweile üblich, dass bei solchen Preisverleihungen wie den Game Awards und den D.I.C.E. Awards eine eigene Kategorie für das Storytelling in Videospielen vorgesehen ist. Einige Auszeichnungen wie die NAVGTR Awards gehen sogar so weit, dass sie mehrere Kategorien haben, die darauf abzielen, herausragende Leistungen in verschiedenen Aspekten des narrativen Designs zu würdigen, beispielsweise indem sie zwischen dem Drehbuch einer Komödie und dem Drehbuch eines Dramas unterscheiden. Allein schon die Nominierung für solche Auszeichnungen ist daher bereits eine Leistung, die die Qualität der Erzählung eines Videospiels würdigt.

Die Auswahl der Preise folgte klar definierten Kriterien:

- Fortlaufende Vergabe: Der Preis muss weiterhin jährlich verliehen werden.
- Englischsprachige Grundlage: Da Englisch die internationale Wissenschaftssprache ist, wurden nur Preise berücksichtigt, deren offizielle Bezeichnung und Dokumentation in englischer Sprache vorliegen. So werden mögliche Übersetzungsfehler vermieden und keine Preise bevorzugt, deren Sprache die Autorin zufällig beherrscht.

- Relevante Kategorie: Der Preis muss eine Kategorie besitzen, die sich ausdrücklich auf das Storytelling oder die narrative Gestaltung von Videospielen bezieht (z. B. „Best Story").
- Offene Teilnahmekriterien: Preise, die nur bestimmte Arten von Spielen auszeichnen – etwa ausschließlich Indie-Titel oder Spiele aus einem bestimmten Land – wurden ausgeschlossen.
- Fachjurys: Es wurden ausschließlich Preise berücksichtigt, deren Gewinner von Fachleuten und nicht primär durch ein Publikumsvoting bestimmt werden.

Die zugrunde liegende Liste der Videospielpreise basiert auf dem Wikipedia-Artikel „Video game award" (Wikipedia 2024), da keine umfassendere oder wissenschaftlich belastbare Quelle zum Thema gefunden werden konnte.

Die sechs Preise, die die Anforderungen erfüllten, waren:

- die British Academy Games Awards (BAFTA 2025),
- die D.I.C.E. Awards (D.I.C.E. Awards 2025),
- die The Game Awards (The Game Awards 2025),
- die Game Developers Choice Awards (Game Developers Choice Awards 2025),
- die NAVGTR Awards (NAVGTR Awards 2025) und
- die New York Game Awards (New York Game Awards 2025).

Es werden die Gewinner dieser Awards ausgewählt, diese sind:

- *Alan Wake 2* (Remedy Entertainment 2023)
- *Stray Gods: The Roleplaying Musical* (Summerfall Studios 2023)
- *Baldur's Gate 3* (Larian Studios 2023–2025)
- *Pentiment* (Obsidian Entertainment 2022–2024)
- *God of War Ragnarök* (Santa Monica Studio 2022–2024)
- *Immortality* (Sam Barlow 2022–2024)
- *Teenage Mutant Ninja Turtles: Shredder's Revenge* (Tribute Games 2022–2023)
- *Unpacking* (Witch Beam 2021–2023)
- *Marvel's Guardians of the Galaxy* (Eidos-Montréal 2021)
- *Life Is Strange: True Colors* (Deck Nine 2021)
- *Psychonauts 2* (Double Fine 2021–2022)
- *Immortals Fenyx Rising* (Ubisoft Quebec & Ubisoft Chengdu 2020)
- *Hades* (Supergiant Games 2020–2024)
- *The Last of Us Part II* (Naughty Dog 2020–2025)

- *The Outer Worlds* (Obsidian Entertainment 2019)
- *Disco Elysium* (ZA/UM 2019)
- *A Plague Tale: Innocence* (Asobo Studio 2019–2021)
- *Red Dead Redemption 2* (Rockstar Games 2018–2019)
- *Return of the Obra Dinn* (Lucas Pope 2018–2019)
- *God of War* (Santa Monica Studio 2018–2022)
- *Fist of the North Star: Lost Paradise* (Ryu Ga Gotoku Studio 2018)
- *Wolfenstein II: The New Colossus* (MachineGames 2017–2018)
- *What Remains of Edith Finch* (Giant Sparrow 2017–2022)
- *Horizon Zero Dawn* (Guerrilla Games 2017–2024)
- *Night in the Woods* (Infinite Fall & Secret Lab 2017)
- *Mafia III* (Hangar 13 2016)
- *Persona 5* (P-Studio 2016)
- *Inside* (Playdead 2016)
- *Uncharted 4: A Thief's End* (Naughty Dog 2016–2022)
- *Job Simulator: The 2050 Archives* (Owlchemy Labs 2016–2024)
- *Firewatch* (Campo Santo 2016–2018)
- *Her Story* (Sam Barlow 2015–2016)
- *The Witcher 3: Wild Hunt* (CD Projekt Red 2015–2022)
- *Life Is Strange* (Dontnod Entertainment 2015)
- *Tales from the Borderlands* (Telltale Games 2014–2021)
- *Middle-earth: Shadow of Mordor* (Monolith Productions Behaviour Interactive 2014)
- *Valiant Hearts: The Great War* (Ubisoft Montpellier 2014)
- *Kentucky Route Zero – Act III* (Cardboard Computer 2014)
- *South Park: The Stick of Truth* (Obsidian Entertainment 2014)
- *The Last of Us: Left Behind* (Naughty Dog 2014)
- *The Walking Dead: Season Two* (Telltale Games 2013–2020)
- *The Stanley Parable* (Galactic Cafe 2013)
- *The Last of Us* (Naughty Dog 2013–2014)
- *Thomas Was Alone* (Mike Bithell 2012–2021)
- *The Walking Dead* (Telltale Games 2012–2018)
- *The Elder Scrolls V: Skyrim* (Bethesda Game Studios 2011)
- *The Baconing* (Hothead Games 2011)
- *Portal 2* (Valve 2011)
- *Catherine* (Atlus 2011)
- *Mass Effect 2* (BioWare 2010)

3.2   Analyserahmen und Heuristik

Jede Videospielanalyse beginnt mit einigen allgemeinen Informationen zum Spiel: Entwickler, Publisher, Erstveröffentlichung, Videospielgenre, Erzählgenre, etc.

Für die Zwecke dieser Untersuchung bezieht sich der Begriff „Videospielgenre" (eng. game genre) auf eine Form der Klassifizierung, die darauf basiert, wie ein Videospiel gespielt wird, und der Begriff „Erzählgenre" (eng. film genre; Gattung in der deutschen Filmwissenschaft) bezieht sich auf die Hauptthemen der Geschichte. Das Videospielgenre von *Doom* wäre beispielsweise „Ego-Shooter" und das Erzählgenre „Science-Fiction, Überlebenskampf, Horror".

Nach den allgemeinen Informationen folgt die Analyse der Storytelling-Elemente in der folgenden Reihenfolge: konfliktgetriebene Geschichte, Konsistenz und Abwesenheit von Plotholes, bekannte Handlungsmodelle, Überraschungen und Plot Twists, Protagonist mit komplexen Charakterbogen, herausfordernder Antagonist und wichtige Nebencharaktere mit Charakterbogen.

Für die Zwecke der Recherche war es notwendig, ein Bewertungssystem zu erstellen, um festzustellen, welche Elemente in jedem Videospiel vorhanden sind.

Die ausgewählten Elemente sind komplex und erfordern mehrere Schritte oder mehrere Voraussetzungen, um erfüllt zu werden. Ein einfaches Ja-oder-Nein-Punktesystem mit nur null oder einem Punkt wurde für diese Studie nicht gewählt, da es unfair gewesen wäre, einem Videospiel, das größtenteils, aber nicht vollständig ein Element erfüllt hatte, überhaupt keine Punkte zu geben. In einem solchen binären System hätte beispielsweise ein Videospiel, das elf der zwölf Schritte des Handlungsmodells „Hero's Journey" für die Kategorie „bekanntes Handlungsmodell" befolgt, null Punkte erhalten, obwohl es das Modell fast perfekt befolgt. Das System würde Spiele wie das im Beispiel beschriebene und Spiele, die überhaupt keinem Modell folgen, gleich einstufen. Die Handlungsmodelle sind nicht als Formeln oder Musterlösungen für die Entwicklung neuer Videospiele zu verstehen. Sie sind Analysemodelle, die für die Forschung genutzt wurden.

Da das Thema Storytelling weiterhin zum kreativen Bereich gehört, wurde ein Punktesystem gewählt, bei dem null, ein oder zwei Punkte vergeben werden, um ein faireres Bewertungssystem zu ermöglichen, das den kreativen Charakter dieses Bereichs berücksichtigt. Die Summe aller Punkte jedes Videospiels kann zwischen null und vierzehn Punkten liegen.

Das Vorhandensein oder Fehlen der Storytelling-Elemente wurde anhand von professionellen Spielrezensionen, Spielanalysen, und/oder, falls erforderlich, persönlichen Analysen untersucht und belegt. Sollte ein Thema umstritten gewesen sein, wurden alle unterschiedlichen Meinungen in der Analyse aufgeführt.

Es ist wichtig zu beachten, dass die Analyse nur das Spiel berücksichtigt, das den Preis gewonnen hat, und nicht Vorläufer oder Fortsetzungen. Wenn beispielsweise eine Figur aus einer Serie im Laufe der verschiedenen Geschichten vom Antagonisten zum Protagonisten wird, das zu analysierende Spiel diese Figur jedoch nur als Antagonisten zeigt, wird ihr zukünftiger Charakterbogen in der Analyse nicht berücksichtigt. Dieser Ansatz gilt auch für Spiele mit episodischen Veröffentlichungen, zum Beispiel *Kentucky Route Zero – Act III*, jedoch nur, wenn der Gewinner des Preises eine bestimmte Episode und nicht das gesamte Spiel ist.

Die Tab. 3.1 erläutert das Punktesystem im Detail.

Tab. 3.1 Punktesystem

Storytelling-Element	0 Punkte	1 Punkt	2 Punkte
Konfliktgetriebene Geschichte (vgl. 2.1.1)	Die Hauptfigur hat keine Wünsche oder Bedürfnisse, deren Erfüllung durch den Antagonisten behindert wird	Die Hauptfigur reagiert auf den vom Feind verursachten Konflikt. Der Konflikt hat Auswirkungen auf die Hauptfigur oder stellt eine geringfügige Bedrohung für sie dar	Die Hauptfigur möchte oder braucht etwas, wird jedoch vom Antagonisten daran gehindert, dies zu erreichen. Der Konflikt hat erhebliche Auswirkungen auf die Hauptfigur oder stellt eine große Bedrohung für sie dar
Konsistenz und Abwesenheit von Plotholes (vgl. 2.1.2)	Es gibt erhebliche und/oder zahlreiche Unstimmigkeiten in der Handlung, im Tonfall und/oder bei den Charakteren. Das Spiel wirkt auf die Spieler inkonsistent	Es gibt ein paar kleinere Unstimmigkeiten in der Handlung, im Tonfall und/oder bei den Figuren	Es gibt keine Unstimmigkeiten in der Handlung, im Tonfall und/oder bei den Charakteren. Das Spiel wirkt auf die Spieler konsistent
Bekannte Handlungsmodelle (vgl. 2.1.3)	Die Geschichte folgt keinem bekannten Handlungsmodell	Die Geschichte folgt zu mehr als 50 % den Schritten oder Anforderungen bekannter Erzählmodelle wie der Drei-Akt-Struktur, der Heldenreise oder der Rahmenerzählung	Die Geschichte folgt allen Schritten oder Anforderungen bekannter Handlungsmodelle, wie beispielsweise der Drei-Akt-Struktur, der Heldenreise oder der Rahmenerzählung

(Fortsetzung)

Tab. 3.1 (Fortsetzung)

Storytelling-Element	0 Punkte	1 Punkt	2 Punkte
Überraschungen und Plot Twists (vgl. 2.1.4)	Es gibt keine Überraschungen oder Plot Twists in der Handlung	Es gibt einige Überraschungen und/oder Plot Twists in der Handlung	Es gibt viele Überraschungen und/oder Plot Twists in der Handlung
Protagonist mit komplexem Charakterbogen (vgl. 2.1.5)	Der Protagonist durchläuft keine komplexen Charakterbogen	Der Protagonist durchläuft einen unvollständigen und/oder überstürzten komplexen Charakterbogen	Der Protagonist durchläuft einen komplexen Charakterbogen
Herausfordernder Antagonist (vgl. 2.1.6)	Der Antagonist ist nicht für den Konflikt der Geschichte verantwortlich und stellt keine echte Bedrohung oder Herausforderung für die Hauptfigur dar	Der Antagonist ist zumindest teilweise für den Konflikt in der Geschichte verantwortlich, stellt jedoch nur eine geringe Bedrohung oder Herausforderung für die Hauptfigur dar	Der Antagonist ist für den Konflikt in der Geschichte verantwortlich und stellt eine echte Bedrohung oder Herausforderung für die Hauptfigur dar
Wichtige Nebencharaktere mit Charakterbogen (vgl. 2.1.7)	Die wichtigsten Nebenfiguren haben keinen Charakterbogen, weder einen komplexen noch einen Umstandsbogen	Die wichtigsten Nebenfiguren durchlaufen einen unvollständigen und/oder überstürzten komplexen Charakterbogen oder einen Umstandsbogen, der nicht richtig aufgebaut ist, und/oder nur einige von ihnen durchlaufen einen vollständigen Charakterbogen	Die wichtigsten Nebenfiguren durchlaufen einen vollständigen komplexen Charakterbogen oder einen Umstandsbogen

3.3   Analyse der ausgewählten Videospiele

In diesem Buch werden exemplarisch drei von den 50 Analysen vorgestellt, um den Aufbau und die Anwendung des Analyserahmens anschaulich zu erläutern. Die ausgewählten Titel sind: *Pentiment, Hades* und *God of War.* Sie erreichten in der Studie die maximale Punktzahl und gelten damit als herausragende Beispiele für gelungenes narratives Design.

Die vollständige Analyse aller 50 Titel sowie die detaillierte Auswertung der Gesamtergebnisse können in der Originalarbeit nachgelesen werden. Die hier präsentierten Beispiele sollen exemplarisch zeigen, wie die angewandte Heuristik funktioniert und welche qualitativen Unterschiede sich in der Umsetzung von Storytelling-Elementen beobachten lassen.

3.3.1   Pentiment

Pentiment (Obsidian Entertainment 2022–2024) ist ein 2D-Adventure-Rollenspiel, das von Obsidian Entertainment entwickelt, von Xbox Game Studios veröffentlicht und 2022 auf den Markt gebracht wurde.

Der Spieler schlüpft für den Großteil des Spiels in die Rolle von Andreas Maler, einem Lehrling als Illuminator in der Abtei Kiersau in der Nähe der fiktiven bayerischen Stadt Tassing im Jahr 1518, der in einen mysteriösen Mordfall verwickelt wird, und später in die Rolle von Magdalena, einer jungen Künstlerin. Er kann laufen, mit Objekten und Tieren interagieren, mit NPCs sprechen und zwischen verschiedenen Dialogoptionen wählen, die sich auf die Handlung auswirken. Neue Informationen werden automatisch in einem Buch notiert, das auch eine Karte enthält und vom Spieler durch Drücken einer Taste aufgerufen werden kann. Das Spiel dauert durchschnittlich 15 h, um die Hauptgeschichte zu beenden (HowLongToBeat: Pentiment 2024) und hat einen allgemein positiven Metacritic Metascore von 86 (Metacritic: Pentiment 2024).

Das Spiel wurde 2023 bei den Game Developers Choice Awards als „Best Narrative" ausgezeichnet.

Konfliktgetriebene Geschichte (vgl. 2.1.1)
Zwei Punkte. Andreas' Mentor, Bruder Piero, wird beschuldigt, einen von vielen Stadtbewohnern verhassten Baron ermordet zu haben – ein Verbrechen, für das er niemals verantwortlich sein könnte. Andreas ist entschlossen, seinem Mentor zu

helfen und den wahren Täter zu finden (Ramée 2022). Aber jemand verschleiert die Wahrheit, und je mehr der Protagonist nachforscht, desto mehr „verstrickt er sich in eine makabre Verschwörung, die in die geheimnisvolle Vergangenheit der Stadt eintaucht" (Hafer 2022).

Konsistenz und Abwesenheit von Plotholes (vgl. 2.1.2)
Zwei Punkte. Die Handlung ist sehr konsistent und spiegelt die Handlungen des Spielers wider, indem sie ihm entsprechende Konsequenzen auferlegt (Ramée 2022). Auch die Charaktere sind konsistent und ihre Beziehung zu Andreas wird durch die Entscheidungen des Spielers geprägt (Ramée 2022; Castello 2022). Jay Castello von Polygon erwähnt beispielsweise, dass Charaktere, die der Spieler „unweigerlich verärgert, einen nur allzu verständlichen Groll hegen" (Castello 2022).

Bekannte Handlungsmodelle (vgl. 2.1.3)
Zwei Punkte. Die Geschichte im Spiel ist in drei Akte unterteilt. Diese stimmen jedoch nicht mit den Akten der Drei-Akt-Struktur überein, der die Geschichte folgt. Folgendes bezieht sich auf die Akte der Drei-Akt-Struktur und nicht auf die Spielakte.

Im ersten Akt wird Andreas' Leben als Illuminator in der kleinen Stadt Tassing gezeigt. Im auslösenden Ereignis wird Baron Lorenz Rothvogel ermordet und Andreas' Mentor, Bruder Piero, wird zu Unrecht für den Mord verantwortlich gemacht.

Im zweiten Akt beginnt Andreas mit den Ermittlungen, um den wahren Mörder zu finden. Er kann den Mörder jedoch nicht zweifelsfrei identifizieren, beschuldigt aber dennoch seinen Hauptverdächtigen, um die Anklage gegen Bruder Piero fallen zu lassen. Jahre später geschieht ein zweiter Mord, und Andreas entdeckt Ähnlichkeiten zwischen den Morden. Er beschuldigt erneut jemanden, doch der Verdächtige flieht und wird von den wütenden Dorfbewohnern getötet, die sein Versteck niederbrennen und die Abtei in Brand setzen. Andreas rennt in die brennende Bibliothek, um die Bücher zu retten, verschwindet jedoch und wird für tot gehalten. Fast 20 Jahre nach dem Brand wird Magdalenas Vater von einem mysteriösen Angreifer verletzt. Während ihrer Ermittlungen, um den Angreifer zu finden, deckt sie die Vergangenheit der Stadt auf und entdeckt, dass Andreas lebt und seit dem Brand als Eremit in den Ruinen der Abtei lebt. Die beiden fangen gemeinsam an zu ermitteln.

Im dritten Akt entdecken sie, dass der wahre Mörder der Priester der Stadt, Pater Thomas, ist. Thomas gesteht, alle getötet zu haben, die die geheime Verbindung zwischen dem römischen Tempel unter der Stadtkirche und den lokalen Heiligen entdeckt hatten, da die Enthüllung dieses Geheimnisses den Status der Stadt als

Pilgerort zunichte gemacht hätte. Anschließend zerstört er den Tempel und tötet sich dabei selbst. Andreas und Magdalena überleben, und sie beschließt, die Stadt zu verlassen. Andreas bleibt in Tassing und beginnt ein neues Leben.

Castello von Polygon beschreibt das Ende des Spiels als „eine befriedigende Zusammenführung aller Handlungsstränge der Geschichte" (Castello 2022).

Überraschungen und Plot Twists (vgl. 2.1.4)
Zwei Punkte. Das Spiel steckt voller Geheimnisse, die zu enthüllen sind (Ramée 2022; Hafer 2022; Castello 2022), „schockierenden Wendungen in der zweiten Hälfte der Geschichte" (Ramée 2022) und Mysterien (Castello 2022). Es gibt zahlreiche Plot Twists, wie zum Beispiel, dass Andreas scheinbar in einem Feuer ums Leben kommt und Pater Thomas der Mörder ist.

Protagonist mit komplexem Charakterbogen (vgl. 2.1.5)
Zwei Punkte. Andreas Maler ist der Protagonist der Geschichte. Er ist „ein idealistischer, aufstrebender Künstler, der in die malerische, ländliche Stadt Tassing kommt, um seine Karriere im Skriptorium der nahe gelegenen Abtei voranzutreiben" (Hafer 2022) und „versucht, sein Meisterwerk fertigzustellen" (Ramée 2022). Der Spieler kann Andreas' Hintergrundgeschichte wählen (Ramée 2022; Hafer 2022). Andreas wird von Leana Hafer von IGN als „ein komplexer Charakter, der sich im Laufe der Momentaufnahmen seines Lebens, an denen wir teilhaben dürfen, erheblich verändert" (Hafer 2022) beschrieben. Zu Beginn des Spiels denkt er darüber nach, sein Meisterwerk fertigzustellen, umzuziehen und zu heiraten, aber im Laufe der Geschichte ist er entschlossen, die Identität des Mörders aufzudecken, um seinem Mentor zu helfen, und er kann „die Auswirkungen der Kettenreaktion erkennen, aber nicht vollständig verstehen" (Castello 2022). Als die Bibliothek in Flammen steht, rennt er in den Raum, um die Bücher zu retten, und wird von allen, einschließlich seiner Frau, für tot gehalten. Er überlebt das Feuer jedoch, fühlt sich aber wegen seiner eigenen Beteiligung an den Ereignissen, die zum Brand und zum Tod seines Lehrlings geführt haben, so schuldig, dass er fast 20 Jahre lang als Einsiedler lebt. Nachdem Magdalenas Vater verwundet wurde, findet er die Kraft, seine Ermittlungen heimlich wieder aufzunehmen, und nachdem er schließlich die Wahrheit entdeckt hat, findet er Frieden und beginnt ein neues Leben in Tassing.

Herausfordernder Antagonist (vgl. 2.1.6)
Zwei Punkte. Der Bösewicht der Geschichte ist Pater Thomas. Er wird erst am Ende des Spiels als Antagonist und „Drahtzieher" entlarvt (Swanson 2022). Er ermordete alle, die die geheime Geschichte der Stadt aufdecken konnten, und mani-

puliertе durch die Ausnutzung ihres Glaubens Schwester Amalie dazu, kryptische Notizen zu schreiben, die Andreas und Magdalena auf falsche Fährten locken sollten (Swanson 2022). Es gelang ihm, die Wahrheit 25 Jahre lang vor Andreas zu verbergen. Als Andreas und Magdalena schließlich die Wahrheit entdecken, geht er so weit, ein Gebäude einstürzen zu lassen, um sicherzustellen, dass niemand sonst davon erfährt, tötet sich dabei jedoch versehentlich selbst (Swanson 2022).

Wichtige Nebencharaktere mit Charakterbogen (vgl. 2.1.7)
Zwei Punkte. Die Nebenfiguren sind die Stadtbewohner und religiösen Personen aus der Abtei Kiersau. Es handelt sich um gut ausgearbeitete Charaktere mit eigenen Beziehungen, Wünschen und Motivationen (Castello 2022). Sie alle verändern sich im Laufe der Geschichte, teilweise aufgrund der Handlungen des Spielers (Ramée 2022; Hafer 2022; Castello 2022). Zum Beispiel ist die Figur Ursula Gertneryn zu Beginn der Geschichte ein Kind und wird, je nach den Entscheidungen des Spielers, mit unterschiedlichen Überzeugungen und Interessen aufwachsen und möglicherweise sogar auf dem Scheiterhaufen verbrannt werden.

Die Gesamtzahl der gesammelten Punkte beträgt vierzehn von vierzehn möglichen Punkten.

3.3.2 Hades

Hades (Supergiant Games 2020–2024) ist ein Roguelike-Action-Rollenspiel, das von Supergiant Games entwickelt und veröffentlicht wurde und 2020 auf den Markt kam.

Das Spiel wird aus einer isometrischen Perspektive gespielt, und der Spieler steuert den Charakter Zagreus. Zagreus kann rennen, Gegenstände und Spielwährung sammeln, die er im Haus des Hades für die Verbesserung seiner Waffen und Fähigkeiten ausgeben kann, mit NPCs sprechen, mit verschiedenen Waffen kämpfen und je nach verwendeter Waffe mehrere Spezialangriffe ausführen, einen Sprint machen, der ihn kurzzeitig unverwundbar macht und es ihm ermöglicht, durch dünne Wände und Spalten zu laufen, sowie die Hilfe der Götter anrufen, die ihm vorübergehend ihre besonderen Kräfte verleihen.

Die Räume, die der Spieler von Feinden befreien muss, werden zufällig aus einer Reihe vorab festgelegter Layouts ausgewählt, und auch die Anzahl der Feinde in einem Raum ist zufällig. Wenn der Spieler alle Feinde in einem Raum besiegt hat, erhält er Belohnungen wie Gesundheitspunkte. Wenn die Gesundheitspunkte des Spielers auf null sinken und er keine Leben mehr hat, wird Zagreus vom Fluss

Styx zurück zum Haus des Hades gebracht und verliert bestimmte zuvor gekaufte Upgrades.

Im Laufe des Spiels kann der Spieler den Schwierigkeitsgrad des Spiels senken oder erhöhen. Wenn er ihn erhöht, erhält er seltenere Belohnungen, schaltet spezielle Dekorationen für das Haus des Hades frei oder kann sogar einige spezielle NPC-Nebenhandlungen vorantreiben.

Das Spiel dauert durchschnittlich 23 h, um die Hauptgeschichte zu beenden (HowLongToBeat: Hades 2024) und hat eine „allgemeine Anerkennung" von Metacritic mit einem Metascore von 93 (Metacritic: Hades 2024).

Die Geschichte handelt von Zagreus, dem Sohn des griechischen Gottes der Unterwelt und Herrscher der Unterwelt Hades und somit Prinz der Unterwelt, der versucht, aus der Unterwelt zu fliehen.

Das Spiel wurde bei den New York Game Awards mit dem Preis für das „Best Writing" und bei den BAFTA mit dem „British Academy Video Games Award for Narrative" ausgezeichnet.

Konfliktgetriebene Geschichte (vgl. 2.1.1)
Zwei Punkte. Zagreus möchte aus der Unterwelt und der Kontrolle seines Vaters fliehen (Vazquez 2021; Gilliam 2020), aber Hades lässt ihn nicht einfach gehen und schickt stattdessen Horden mythologischer Monster auf Zagreus' Weg, um seinen Sohn an der Flucht zu hindern. Hades verspottet sogar Zagreus' gescheiterte Fluchtversuche, was den Wunsch seines Sohnes, zu fliehen, nur noch verstärkt (Vazquez 2021; Limon 2020).

Konsistenz und Abwesenheit von Plotholes (vgl. 2.1.2)
Zwei Punkte. Die Charaktere, die Welt und die Aktionen des Spielers verschmelzen nahtlos zu „einem zusammenhängenden, kraftvollen Ganzen" (Vazquez 2021). Die Charaktere im Spiel, einschließlich der Gegner, erinnern sich an frühere Interaktionen mit dem Spieler und handeln entsprechend (Limon 2020), wodurch ein konsistentes Erlebnis für den Spieler entsteht. Beispielsweise „erinnern sich die Bösewichte an ihre vergangenen Niederlagen und Erfolge gegen dich" und können auch ihren Kampfstil ändern, wodurch der Eindruck entsteht, dass „jeder Kampf eher eine Revanche zwischen Rivalen als eine Wiederholung ist" (Limon 2020), während Zagreus' Verbündete ihn nach seinen Niederlagen trösten (Vazquez 2021).

Bekannte Handlungsmodelle (vgl. 2.1.3)
Zwei Punkte. Die Geschichte folgt der Drei-Akt-Struktur. In der Einleitung schleicht Zagreus durch das Haus und durchstöbert die Sachen seines Vaters, aber

im auslösenden Ereignis findet er zufällig heraus, dass seine Mutter nicht Nyx ist, wie er dachte, sondern Persephone. Hades und Nyx weigern sich beide, die Situation zu erklären, und Zagreus beschließt, seine leibliche Mutter zu fragen, die in der Welt der Sterblichen lebt. Deshalb versucht er, aus der Unterwelt zu fliehen.

Im zweiten Akt kämpft er sich aus der Unterwelt heraus (Gilliam 2020) und trifft Persephone, die überzeugt war, dass Zagreus tot geboren worden war. Der Prinz findet dann heraus, dass er, wie sein Vater, nicht zu viel Zeit außerhalb der Unterwelt verbringen kann, stirbt und wird in der Unterwelt wiederbelebt. Er versucht dann immer wieder zu fliehen und seine Mutter zu treffen, wobei er bei jeder Reise Teile der Wahrheit über die Situation preisgibt. Er entdeckt, dass Persephone heimlich von Zeus an Hades verschenkt wurde, ohne dass die anderen Olympier davon wussten, die einfach dachten, sie sei verschwunden. Trotz des unkonventionellen Beginns ihrer Beziehung führten Persephone und Hades eine liebevolle Ehe, bis Zagreus tot geboren wurde, woraufhin die Göttin überwältigt von ihrer Trauer fortging. Nyx gelang es, einen Deal mit den Schicksalsgöttinnen zu schließen und Zagreus wieder zum Leben zu erwecken. Obwohl Persephone nun weiß, dass ihr Sohn lebt, will sie dennoch nicht in die Unterwelt zurückkehren, da sie befürchtet, dass die Olympier eines Tages die Wahrheit über ihr Verschwinden entdecken und sich an Hades rächen könnten. Im dritten Akt überzeugt Zagreus, der nun über alles Bescheid weiß, seine Mutter, in die Unterwelt zurückzukehren, wo sie ihre Rolle als Königin wieder aufnimmt und sich mit Hades versöhnt. Hades ist beeindruckt von Zagreus' Beharrlichkeit und Fähigkeiten und bittet ihn, seine Fluchtversuche fortzusetzen, um ihm dabei zu helfen, Schwachstellen in der Sicherheit der Unterwelt zu finden. Persephone organisiert daraufhin erfolgreich ein Fest, um sich mit den Olympiern zu versöhnen.

Überraschungen und Plot Twists (vgl. 2.1.4)
Zwei Punkte. Viele der Figuren, denen der Spieler im Spiel begegnet, basieren auf der griechischen Mythologie, werden jedoch oft anders dargestellt als erwartet, während sie dennoch „wie eine authentische Neuinterpretation eines klassischen griechischen Mythos wirken" (Limon 2020). So wird beispielsweise Sisyphus nicht als „tragische Figur", sondern als Optimist dargestellt (Limon 2020), und Cerberus wird sowohl als treuer und imposanter dreiköpfiger Wachhund als auch als sanftes und verspieltes Haustier dargestellt.

Es gibt auch zahlreiche Wendungen in der Handlung, wie zum Beispiel, dass Zagreus entdeckt, dass er von Nyx adoptiert wurde oder dass er sterben wird, wenn er sich zu lange außerhalb der Unterwelt aufhält.

Protagonist mit komplexem Charakterbogen (vgl. 2.1.5)
Zwei Punkte. Zu Beginn des Spiels ist Zagreus ein geschickter Krieger (Limon 2020), aber auch ein rebellischer Sohn, der sich der Kontrolle seines Vaters entziehen will (Vazquez 2021; Gilliam 2020) und Antworten darauf sucht, warum seine leibliche Mutter ihn verlassen hat. Im Laufe des Spiels verfolgt er seine Ziele beharrlich weiter, bis er die Wahrheit über die Situation herausfindet. Mit einem besseren Verständnis für die Perspektive seines Vaters und der Erkenntnis, dass sein Schicksal, in der Unterwelt zu bleiben, nicht geändert werden kann, da er außerhalb der Unterwelt einfach nicht überleben kann, akzeptiert er sein Schicksal und arbeitet auf ein neues Ziel hin: die Wiedervereinigung seiner Familie. Er hat sich den Respekt seines Vaters verdient, und sie legen ihre Feindseligkeiten bei. Sein Charakterbogen wird durch seine Beharrlichkeit bestimmt, und er reift und wächst während der Reise, bis er seinen Platz in der Welt findet.

Herausfordernder Antagonist (vgl. 2.1.6)
Zwei Punkte. Der Antagonist des Spiels ist Hades. Er ist ein „überheblicher, distanzierter Vater" (Vazquez 2021). Er lehnt die Wünsche seines Sohnes ab und fühlt sich ihm überlegen (Vazquez 2021; Gilliam 2020). Er ist immer bereit, die Fluchtversuche seines Sohnes zu verspotten (Vazquez 2021; Limon 2020) und hat wenig Geduld mit ihm, obwohl er sich dennoch um seinen Sohn sorgt (Gilliam 2020). Als Herrscher der Unterwelt ist er eine Autoritätsperson mit der Macht, Zagreus an der Flucht zu hindern, und setzt seine Untergebenen ein, um Räume zu füllen und Zagreus den Weg in die Welt der Sterblichen zu versperren (Gilliam 2020).

Wichtige Nebencharaktere mit Charakterbogen (vgl. 2.1.7)
Zwei Punkte. Es gibt viele wichtige Nebenfiguren, die in zwei Gruppen eingeteilt werden können. Die „Bewohner der Unterwelt" und die „Olympier". Die wichtigsten „Bewohner der Unterwelt" sind Nyx, Zagreus' Adoptivmutter, Achilles und Hypnos. Zagreus kann ihre Hintergrundgeschichte herausfinden und bedeutungsvolle Beziehungen zu ihnen aufbauen, wodurch sie zu hilfreichen Verbündeten werden (Vazquez 2021).

Die „Olympier" sind einige der griechischen Götter wie Athene, Ares, Artemis und Dionysos. Zu Beginn des Spiels scheinen sie Zagreus helfen zu wollen (Vazquez 2021; Limon 2020; Gilliam 2020), und er kann eine Verbindung zu ihnen aufbauen, wodurch der Spieler mehr über die Hintergrundgeschichten der Götter erfahren und Nebenquests freischalten kann, die mit ihnen zu tun haben. Wenn sie sich jedoch von Zagreus abgelehnt oder gekränkt fühlen, werden sie nachtragend und sogar zu einem weiteren Hindernis, das der Prinz überwinden muss (Vazquez 2021; Limon 2020).

Die Gesamtzahl der gesammelten Punkte beträgt vierzehn von vierzehn möglichen Punkten.

3.3.3 God of War

God of War (Santa Monica Studio 2018–2022) ist ein Third-Person-Action-Adventure-Spiel mit RPG-Elementen, das von Santa Monica Studio entwickelt, von Sony Interactive Entertainment veröffentlicht und 2018 auf den Markt gebracht wurde. Es ist die Fortsetzung von *God of War III* und der achte chronologische Teil der *God of War*-Reihe.

Der Spieler steuert einen der beiden Protagonisten, Kratos, und kann mit verschiedenen Waffen gegen Feinde kämpfen, von denen einige mit Runen aufgerüstet werden können, um „runische" Magieangriffe oder Nahkampfangriffe auszuführen. Der Spieler kann auch die Fähigkeit „Zorn" einsetzen, die durch Kämpfe gesammelt wird, um mächtige Angriffe mit bloßen Händen auszuführen. Der Spieler kann manchmal passiv den anderen Protagonisten, Atreus, steuern. Der Spieler kann auch Waffen, Rüstungen, Handwerksressourcen und Spielwährung sammeln, die zum Kauf von Gegenständen oder zum Basteln verwendet werden können. Erfahrungspunkte können gesammelt und zum Erlernen von Kampffähigkeiten verwendet werden. Atreus verbessert im Laufe der Geschichte ebenfalls seine Fähigkeiten. Es gibt auch Quick-Time-Events.

Das Spiel dauert durchschnittlich 20½ h, um die Hauptgeschichte zu absolvieren (HowLongToBeat: God of War (2018) 2024) und hat eine „allgemeine Anerkennung" von Metacritic mit einem Metascore von 94 (Metacritic: God of War 2024).

Das Spiel wurde bei den D.I.C.E. Awards mit dem Preis für „Outstanding Achievement in Story" ausgezeichnet, bei den NAVGTR Awards mit dem Preis für „Writing in a Drama" und bei den BAFTA mit dem „British Academy Video Games Award for Narrative".

Konfliktgetriebene Geschichte (vgl. 2.1.1)
Zwei Punkte. Die Protagonisten wollen die Asche von Faye auf dem höchsten Gipfel der neun Reiche verstreuen, aber die Bösewichte tun alles in ihrer Macht, um dies zu verhindern (Brown 2018). Die Hauptfiguren müssen nicht nur gegen Monster kämpfen, sondern auch gegen Götter aus der nordischen Mythologie, die gegen sie stehen (Brown 2018).

Konsistenz und Abwesenheit von Plotholes (vgl. 2.1.2)
Zwei Punkte. Chris Plante von Polygon beschreibt das Spiel als „holistisch"
(Plante 2018). Die Vorausdeutungen sind äußerst gut gelungen, und selbst kleine
Details zahlen sich später aus (Dornbush 2018; Plante 2018).

Bekannte Handlungsmodelle (vgl. 2.1.3)
Zwei Punkte. Die Geschichte folgt der Drei-Akt-Struktur, aber auch größtenteils
der Heldenreise. Die Geschichte beginnt mit der Einleitung, in der Kratos und Atreus im Wald Holz sammeln. Als sie nach Hause kommen, verbrennen sie die Lei-
che von Faye und diskutieren, ob sie bereit sind, ihren letzten Wunsch zu erfüllen
und ihre Asche auf dem höchsten Gipfel der neun Reiche zu verstreuen (Brown
2018; Plante 2018). Atreus fühlt sich bereit, aber Kratos lehnt den Ruf ab und beschließt, die Reise zu verschieben, weil er glaubt, dass sein Sohn noch nicht bereit
ist. Plötzlich werden sie von einem Fremden angegriffen, was zusammen mit dem
Tod von Faye der auslösende Vorfall ist, der Kratos davon überzeugt, die Reise an-
zutreten. Im zweiten Akt stehen sowohl Kratos als auch Atreus vor vielen Herausforderungen und müssen gegen zahlreiche Feinde kämpfen, um Informationen darüber zu sammeln, wie sie den höchsten Gipfel der neun Reiche erreichen können
(Dornbush 2018), während sie gleichzeitig mit ihren persönlichen Problemen zu
kämpfen haben. Im dritten Akt stellen sie sich dem Antagonisten und besiegen ihn,
erreichen den höchsten Gipfel, verstreuen Fayes Asche und kehren schließlich
nach Erfüllung ihrer Mission nach Hause zurück.

Überraschungen und Plot Twists (vgl. 2.1.4)
Zwei Punkte. Die Welt ist „voller Geheimnisse" (Dornbush 2018), die zu entdecken sind. Es gibt viele Plot Twists, insbesondere solche, in denen Charaktere ihre
wahre Identität oder ihr Vermächtnis offenbaren oder entdecken. Der mysteriöse
Angreifer zu Beginn der Geschichte entpuppt sich als der Gott Baldur. Seine Mutter hat eine ähnliche Enthüllung. Sogar einer der Protagonisten, Atreus, entdeckt
im Laufe der Geschichte seine göttliche Natur.

Protagonist mit komplexem Charakterbogen (vgl. 2.1.5)
Zwei Punkte. Sowohl Kratos als auch Atreus durchlaufen eine komplexe
Charakterentwicklung. Zu Beginn des Spiels trauert Kratos und hadert mit seiner
Rolle als alleinerziehender Vater (Plante 2018). Er „trägt eine Last aus Trauer und
Selbstmitleid, die nur die Unschuld seines Sohnes ihm helfen kann zu überwinden"
(Brown 2018). Anfangs ist er eher kühl (Dornbush 2018), aber seine Beziehung zu
seinem Sohn verbessert sich im Laufe ihrer Reise (Brown 2018; Dornbush 2018;
Plante 2018) und er wird zu einer „sensiblen Vaterfigur" (Brown 2018).

Atreus ist „lieb und auch egoistisch" (Plante 2018) und gehorcht meist den Anweisungen seines Vaters (Dornbush 2018). Er hat Schwierigkeiten, sich an die Welt anzupassen, nachdem er isoliert aufgewachsen ist, aber letztendlich überwindet er seine Schwierigkeiten, indem er Kratos' Anleitung folgt (Brown 2018).

Herausfordernder Antagonist (vgl. 2.1.6)
Zwei Punkte. Die Antagonisten sind der Gott Baldur und seine Mutter, die Göttin Freya. Sie sind komplex und gut geschrieben (Brown 2018; Dornbush 2018) und ihre Geschichte spiegelt die Geschichte von Kratos und Atreus wider (Dornbush 2018). Baldur ist aufgrund seiner besonderen Fähigkeiten ein herausfordernder Bösewicht. Er ist unsterblich und aufgrund eines Zaubers unfähig, Schmerz zu empfinden, und folgt den Befehlen seines Vaters. Freyas Macht beruht auf ihren magischen Fähigkeiten und ihren manipulativen Taktiken. Sie will ihren Sohn beschützen und ist bereit, dafür alles zu tun. Beide Charaktere sind die Hauptursache für die Probleme des Protagonisten.

Wichtige Nebencharaktere mit Charakterbogen (vgl. 2.1.7)
Zwei Punkte. Mimir ist einer der wichtigsten Charaktere im Spiel (Brown 2018). Als er die Protagonisten trifft, ist er in einem Baum gefangen und hat ein Auge verloren. Er bittet darum, aus seinem Gefängnis befreit und zu jemandem gebracht zu werden, der ihn wiederbeleben kann. Kratos willigt ein, und Mimir wird von Freya wiederbelebt. Er hilft Kratos und Atreus und fungiert als ihr Führer und Mentor (Brown 2018). Kratos und Atreus finden sein verlorenes Auge wieder und entdecken sogar einen Zauber, den Freya auf Mimir gelegt hat, und befreien ihn von diesem Zauber. Am Ende des Spiels beschließt er, bei den Protagonisten zu bleiben. Zu Beginn des Spiels ist er körperlich und geistig gefangen, am Ende der Geschichte ist er frei.

Die Gesamtzahl der gesammelten Punkte beträgt vierzehn von vierzehn möglichen Punkten.

3.4   Identifikation gemeinsamer Erfolgsfaktoren

Obwohl die Literatur die sieben in der Studie verwendeten Elemente des Storytellings als Indikatoren für gutes Storytelling im Allgemeinen oder spezifisch für Videospiele betrachtet, scheint es eine Diskrepanz zu geben. Diese bezieht sich auf Unterschiede zwischen der Literatur und den Methoden, die zur Auswahl der Gewinner in Kategorien wie „Beste Erzählung" und „Bestes Drehbuch" bei den für die Studie herangezogenen Videospiel-Awards verwendet werden.

32 % der Videospiele (16 von 50 Spielen) folgten keinem bekannten Handlungsmodell. In einigen Fällen nutzten die Spiele ihre unkonventionellen Story-Strukturen für andere Zwecke, beispielsweise verwendeten Sam Barlows Videospiele *Her Story* und *Immortality* eine ungewöhnliche Struktur, um bei den Spielern ein Gefühl von Spannung und Geheimnis zu erzeugen. *Immortality* ist ein Beispiel, das bei Rezensenten besonders gut ankam. So wurde es beispielsweise von Tristan Ogilvie von IGN als „ein durch und durch fesselndes Mysterium" gelobt (Ogilvie 2022).

Das Element „Protagonist mit komplexem Charakterbogen" schien in vielen Spielen nicht (36 %) oder nur unvollständig (34 %) umgesetzt zu sein, oft da der Spieler die Handlungen der spielbaren Charaktere beeinflussen konnte und somit häufig die Möglichkeit hatte, den Charakter keine oder nur eine partielle Charakterentwicklung durchlaufen zu lassen.

Das Element „wichtige Nebencharaktere mit einem Charakterbogen" war nur in 48 % der Spiele vorhanden und in 30 % teilweise vorhanden. Einige der Spiele hatten überhaupt keine wichtigen Nebenfiguren, wie beispielsweise das Spiel *Inside*. In vielen Spielen spielte der Spieler auch eine wichtige Rolle in der Charakterentwicklung der wichtigen Nebenfiguren und hatte oft die Möglichkeit, diese so zu beeinflussen, dass sie keinen oder keinen vollständigen Charakterbogen durchliefen.

Betrachtet man die Ergebnisse der Elemente „Protagonist mit komplexen Charakterbogen" und „wichtige Nebencharaktere mit einem Charakterbogen", scheint sich ein Muster abzuzeichnen, das darauf hindeutet, dass das Fehlen von Charakterentwicklungen aufgrund der Interaktivität des Spielers bei der Auswahl der Preisträger durch die Jury nicht negativ bewertet wird. Um diese Hypothese zu belegen, wären jedoch weitere spezifische Studien erforderlich.

Die Storytelling-Elemente „konfliktgetriebene Geschichte", „Konsistenz und Abwesenheit von Plotholes", „Überraschungen und Plot Twists" sowie „herausfordernder Antagonist" waren nachweislich in den meisten Spielen vorhanden (jeweils 68 %, 58 %, 76 % und 50 % mit 2 Punkte und jeweils 14 %, 24 %, 24 % und 28 % mit 1 Punkt) und könnten daher als gemeinsame Erfolgsfaktoren definiert werden.

Das Element „Überraschungen und Plot Twists" war zumindest teilweise (24 %) in allen Videospielen vorhanden und könnte als der wichtigste gemeinsame Erfolgsfaktor angesehen werden. In 76 % der Spiele war dieses Element vollständig vorhanden. Viele Rezensenten lobten die unerwarteten Elemente in Videospielen, unabhängig davon, wie sie präsentiert wurden, und waren begeistert, etwas Neues zu entdecken. Dieses Bedürfnis nach Überraschungen könnte mit der hohen Anzahl von Mystery-Videospielen (18 von 50 Spiele) zusammenhängen, aber es wären weitere Studien erforderlich, um festzustellen, ob diese Hypothese richtig ist und tatsächlich ein Zusammenhang besteht.

Diese Studie hat bedeutende Erkenntnisse über die Elemente herausgearbeitet, die zur narrativen Qualität ausgezeichneter Videospiele entscheidend beitragen. Die Ergebnisse zeigen, dass vier zentrale Kriterien in den ausgezeichneten Titeln weit verbreitet sind, die sich zu klaren Erfolgsfaktoren identifizieren lassen. Diese Erfolgsfaktoren, die zweifellos als Anzeichen narrativer Exzellenz gelten, sind:

- „konfliktgetriebene Geschichte"
- „Konsistenz und Abwesenheit von Plotholes"
- „Überraschungen und Plot Twists" und
- „herausfordernder Antagonist".

Besonders auffällig ist, dass drei dieser vier Erfolgsfaktoren, „konfliktgetriebene Geschichte", „Überraschungen und Plot Twists" und „herausfordernder Antagonist", eng mit der Schaffung von Widrigkeiten und Herausforderungen für den Spieler verknüpft sind. Eine konfliktgetriebene Geschichte bringt den Spieler in Schwierigkeiten, Überraschungen und Plot Twists bieten oft neue Herausforderungen und Hindernisse für den Spieler bzw. Protagonisten, und ein herausfordernder Antagonist tut genau das, was der Name beschreibt, nämlich den Spieler herauszufordern.

Gleichzeitig wird deutlich, dass die drei Storytelling-Elemente, die keine Erfolgsfaktoren sind, nämlich „Bekannte Handlungsmodelle", „Protagonist mit komplexem Charakterbogen" und „wichtige Nebencharaktere mit einem Charakterbogen", bei der heutigen Spielerbasis wenig Relevanz haben. Dieses Desinteresse könnte eng mit der Interaktivität des Mediums verbunden sein. Dem Spieler die

Freiheit zu geben, zu entscheiden, wie der Spielcharakter handelt, könnte für das Medium wichtiger sein als komplexe Charakterbögen.

Die ermittelte Indifferenz gegenüber bekannten Handlungsmodellen unterstützt die These, dass die Spieler ein starkes Bedürfnis nach Überraschung haben. Wenn sie ständig mit den gleichen Handlungsmodellen konfrontiert werden, könnten sie schnell das Interesse verlieren und die spielerische Erfahrung als repetitiv empfinden.

Wichtig ist auch der „universelle" Erfolgsfaktor, der identifiziert wurde: „Überraschungen und Plot Twists". Dieses Element hat sich als unerlässlich erwiesen und war in allen 50 analysierten Spielen vertreten.

Abschließend lässt sich sagen, dass Videospiel-Awards eindeutig Wert darauflegen, dass Spieler sowohl herausgefordert als auch überrascht werden. Bei der Entwicklung eines Videospiels sollte daher eine sorgfältige Gestaltung der Handlung im Mittelpunkt stehen. Die Handlung muss so konzipiert sein, dass die Hauptfigur aktive Ziele verfolgt, jedoch vom Antagonisten, der für den Konflikt in der Geschichte verantwortlich ist, daran gehindert wird. Der Antagonist sollte eine echte Bedrohung oder Herausforderung für die Hauptfigur darstellen. Darüber hinaus sind überraschende Wendungen und unerwartete Plot Twists unerlässlich, um das Interesse der Spieler dauerhaft zu fesseln und ihnen ein unvergessliches Spielerlebnis zu bieten.

Was Sie aus diesem *essential* mitnehmen können

- Konfliktgetriebene Geschichten, Konsistenz, Twists und starke Antagonisten als zentrale Erfolgsfaktoren
- Überraschungen sind universell: in allen analysierten Titeln präsent und juryrelevant
- Charakterbögen und Handlungsmodelle sind flexibel – Interaktivität dominiert über starre Strukturen
- Praktische Analyseheuristik für Game Studies und Entwicklung von narrativen Designs

R. T. Inderst et al., *Erfolgsfaktoren im Storytelling von Videospielen*, essentials, https://doi.org/10.1007/978-3-658-51694-9

Literatur

BAFTA (2025). British Academy Games Awards. https://www.bafta.org (Zugegriffen: 17. November 2025).

Bateman, C. (Hrsg.) (2021). Game Writing: Narrative Skills for Videogames (2. Aufl.). Bloomsbury Academic.

Benioff, D., Weiss, D. B. (Executive Producers) (2011–2019). Game of Thrones [TV-Serie]. HBO Entertainment, Television 360, Grok! Television, Generator Entertainment, Startling Television, Bighead Littlehead.

Boyd, B. (2017). The evolution of stories: from mimesis to language, from fact to fiction. National Library of Medicine. https://www.ncbi.nlm.nih.gov/pmc/articles/PMC5763351/ (Zugegriffen: 17. Oktober 2024).

Brown, P. (2018). God Of War Review: Out With The Old, In With The New. GameSpot. https://www.gamespot.com/reviews/god-of-war-review-out-with-the-old-in-with-the-new/1900-6416893/ (Zugegriffen: 17. Oktober 2024).

Castello, J. (2022). Obsidian's murder mystery Pentiment is full of tough, Fallout-style choices. Polygon. https://www.polygon.com/reviews/23453772/pentiment-review-game-pass-obsidian-rpg-pc-xbox-one-series-x (Zugegriffen: 17. Oktober 2024).

Christie, A. (1937). Death on the Nile. London: Collins Crime Club.

Coppola, F. F. (Regisseur) (1972–1990). Der Pate [Filmtrilogie]. Alfran Productions, The Coppola Company, American Zoetrope.

D.I.C.E. Awards (2025). D.I.C.E. Awards. https://www.interactive.org (Zugegriffen: 17. November 2025).

DiMartino, M. D., Konietzko, B. (Executive Producers) (2005–2008). Avatar – Der Herr der Elemente [TV-Serie]. Nickelodeon Animation Studio.

Dornbush, J. (2018). God of War Review. IGN. https://www.ign.com/articles/2018/04/12/god-of-war-review (Zugegriffen: 17. Oktober 2024).

Euripides (431 v. Chr.). Medea. Übers. Philip Vellacott. In: Medea and Other Plays. Penguin Classics. London: Penguin Books, 1963 (Nachdruck 2003).

Game Developers Choice Awards (2025). Game Developers Choice Awards. https://game-choiceawards.com (Zugegriffen: 17. November 2025).

Gibson, M. (Regisseur) (1995). Braveheart [Film]. Icon Productions & The Ladd Company.

Gilliam, R. (2020). Hades is a near-flawless romp through hell after two years of early access. Polygon. https://www.polygon.com/reviews/2020/9/24/21453043/hades-review-switch-windows-early-access-supergiant-roguelite-impressions (Zugegriffen: 17. Oktober 2024).

Hafer, L. (2022). Pentiment Review. IGN. https://www.ign.com/articles/pentiment-review (Zugegriffen: 17. Oktober 2024).

Hardwicke, C. (Regisseur) (2008). Twilight – Biss zum Morgengrauen [Film]. Temple Hill Entertainment, Maverick Films/Imprint Entertainment.

Heussner, T., Finley, T. K., Hepler, J. B., Lemay, A. (2024). The Game Narrative Toolbox (2. Aufl.). CRC Press.

HowLongToBeat (2024a). God of War (2018). https://howlongtobeat.com/game/38050 (Zugegriffen: 17. Oktober 2024).

HowLongToBeat (2024b). Hades. https://howlongtobeat.com/game/62941 (Zugegriffen: 17. Oktober 2024).

HowLongToBeat (2024c). Pentiment. https://howlongtobeat.com/game/109237 (Zugegriffen: 17. Oktober 2024).

Inderst, R., Wagner, P. M. (2022). #GameStudies: 20 Jahre Forschungsfantasie – Von der Disziplinierung eines Mediums. Büchner-Verlag.

Juul, J. (2005). Half-real: Video games between real rules and fictional worlds. MIT Press.

Koenitz, H. (2023). Understanding Interactive Digital Narrative – Immersive Expressions for a Complex Time (1. Aufl.). Routledge.

Limon, N. (2020). Hades Review. IGN. https://www.ign.com/articles/hades-review (Zugegriffen: 17. Oktober 2024).

Lucas, G. (Regisseur) (1977). Star Wars: Episode IV – Eine neue Hoffnung [Film]. Lucasfilm Ltd.

Malewitz, R. (2020). What is a Frame Story? – Definition & Examples. Oregon State University. https://liberalarts.oregonstate.edu/wlf/what-frame-story (Zugegriffen: 17. Oktober 2024).

Metacritic (2024a). God of War. https://www.metacritic.com/game/god-of-war/ (Zugegriffen: 17. Oktober 2024).

Metacritic (2024b). Hades. https://www.metacritic.com/game/hades/ (Zugegriffen: 17. Oktober 2024).

Metacritic (2024c). Pentiment. https://www.metacritic.com/game/pentiment/ (Zugegriffen: 17. Oktober 2024).

Murray, J. H. (1997). Hamlet on the Holodeck: The future of narrative in cyberspace. MIT Press.

Moser, C., Fang, X. (2015). Narrative structure and player experience in role-playing games. International Journal of Gaming and Computer-Mediated Simulations, 7(2), 68–84. https://doi.org/https://doi.org/10.4018/IJGCMS.2015040104

NAVGTR Awards (2025). NAVGTR Awards. https://navgtr.org/awards/ (Zugegriffen: 17. November 2025).

New York Game Awards (2025). New York Game Awards. https://nygamecritics.com/awards/ (Zugegriffen: 17. November 2025).

Ogilvie, T. (2022). Immortality Review. IGN. https://www.ign.com/articles/immortality-review (Zugegriffen: 17. Oktober 2024).

Plante, C. (2018). God of War review. Polygon. https://www.polygon.com/2018/4/12/17226486/god-of-war-review-ps4-2018 (Zugegriffen: 17. Oktober 2024).

Ramée, J. (2022). Pentiment Review – Layers Of History. GameSpot. https://www.gamespot.com/reviews/pentiment-review-layers-of-history/1900-6417998/ (Zugegriffen: 17. Oktober 2024).

Rowling, J. K. (1997). Harry Potter and the Philosopher's Stone. London: Bloomsbury.

Ryan, M.-L. (2001). Narrative as virtual reality: Immersion and interactivity in literature and electronic media. Johns Hopkins University Press.

Schell, J. (2020). Die Kunst des Game Designs: Bessere Games konzipieren und entwickeln (3. Aufl.). Bonn: mitp. (Original: 2019).

Scott, N. (2023). What Is Narrative Design? How Do You Learn It? https://gamedesignskills.com/game-design/narrative-design/#:~:text=Narrative%20design%20is%20not%20the,design%20aligns%20gameplay%20and%20story (Zugegriffen: 8. November 2025).

Shakespeare, W. (ca. 1600). Hamlet. In: The Arden Shakespeare, Third Series. Hrsg. von Ann Thompson und Neil Taylor. London: Bloomsbury, 2006.

Skolnick, E. (2014). Video Game Storytelling: What Every Developer Needs to Know About Narrative Techniques (1. Aufl.). Watson-Guptill Publications.

Swanson, D. (2022). Pentiment: Why [SPOILER] Orchestrates the Events of the Game. Game Rant. https://gamerant.com/pentiment-father-thomas-thread-puller-motivation-story-explained/ (Zugegriffen: 17. Oktober 2024).

Tausendundeine Nacht (ca. 9. Jh.). Übers. Claudia Ott. Stuttgart: Reclam, 2013.

The Game Awards (2025). The Game Awards. https://thegameawards.com/coming-soon (Zugegriffen: 17. November 2025).

Trousdale, G., Wise, K. (Regisseure) (1991). Die Schöne und das Biest [Film]. Walt Disney Feature Animation.

Vazquez, S. (2021). Hades Review – The Long, Hard Road Out of Hell. GameSpot. https://www.gamespot.com/reviews/hades-review-the-long-hard-road-out-of-hell/1900-6417568/ (Zugegriffen: 17. Oktober 2024).

Vogler, C. (2020). The Writer's Journey: Mythic Structure for Writers (4. Aufl.). Michael Wiese Productions.

Wikipedia (2024). Video game award. https://en.wikipedia.org/wiki/Video_game_award (Zugegriffen: 17. Oktober 2024).

Ludografie

Atlus (2011). *Catherine* [Videospiel]. JP: Atlus, NA: Atlus USA, PAL: Deep Silver & Sega.

Asobo Studio (2019–2021). *A Plague Tale: Innocence* [Videospiel]. Focus Home Interactive.

Bethesda Game Studios (2011). *The Elder Scrolls V: Skyrim* [Videospiel]. Bethesda Softworks.

BioWare (2010). *Mass Effect 2* [Videospiel]. Electronic Arts & Microsoft Game Studios.

Campo Santo (2016–2018). *Firewatch* [Videospiel]. Panic & Campo Santo.

Cardboard Computer (2014). *Kentucky Route Zero – Act III* [Videospiel]. Annapurna Interactive.

CD Projekt Red (2015–2022). *The Witcher 3: Wild Hunt* [Videospiel]. CD Projekt.

Deck Nine (2021). *Life Is Strange: True Colors* [Videospiel]. Square Enix.

Dontnod Entertainment (2015). *Life Is Strange* [Videospiel]. Square Enix.

Double Fine (2021–2022). *Psychonauts 2* [Videospiel]. Xbox Game Studios.

Eidos-Montréal (2021). *Marvel's Guardians of the Galaxy* [Videospiel]. Square Enix.

Galactic Cafe (2013). *The Stanley Parable* [Videospiel]. Galactic Cafe.

Giant Sparrow (2017–2022). *What Remains of Edith Finch* [Videospiel]. Annapurna Interactive.

Guerrilla Games (2017–2024). *Horizon Zero Dawn* [Videospiel]. Sony Interactive Entertainment.

Hangar 13 (2016). *Mafia III* [Videospiel]. 2K.

Hothead Games (2011). *The Baconing* [Videospiel]. Electronic Arts.

Infinite Fall & Secret Lab(2017). *Night in the Woods* [Videospiel]. Finji.

Larian Studios (2023–2025). *Baldur's Gate 3* [Videospiel]. Larian Studios.

Lucas Pope (2018–2019). *Return of the Obra Dinn* [Videospiel]. 3909 LLC.

MachineGames (2017–2018). *Wolfenstein II: The New Colossus* [Videospiel]. Bethesda Softworks.

Mike Bithell (2012–2021). *Thomas Was Alone* [Videospiel]. Mike Bithell.

Monolith Productions Behaviour Interactive (2014). *Middle-earth: Shadow of Mordor* [Videospiel]. Warner Bros. Interactive Entertainment.

Naughty Dog (2013–2014). *The Last of Us* [Videospiel]. Sony Computer Entertainment.

Naughty Dog (2014). *The Last of Us: Left Behind* [Videospiel]. Sony Computer Entertainment.

Naughty Dog (2016–2022). *Uncharted 4: A Thief's End* [Videospiel]. Sony Computer Entertainment.

Naughty Dog (2020–2025). *The Last of Us Part II* [Videospiel]. Sony Interactive Entertainment.

Obsidian Entertainment (2014). *South Park: The Stick of Truth* [Videospiel]. Ubisoft.

Obsidian Entertainment (2019). *The Outer Worlds* [Videospiel]. Private Division.

Obsidian Entertainment (2022–2024). *Pentiment* [Videospiel]. Xbox Game Studios.

P-Studio (2016). *Persona 5* [Videospiel]. JP/NA: Atlus, PAL: Deep Silver & Sega.

Playdead (2016). *Inside* [Videospiel]. Playdead.

Remedy Entertainment (2023). *Alan Wake 2* [Videospiel]. Epic Games Publishing.

Rockstar Games (2018–2019). *Red Dead Redemption 2* [Videospiel]. Rockstar Games.

Ryu Ga Gotoku Studio (2018). *Fist of the North Star: Lost Paradise* [Videospiel]. Sega.

Sam Barlow (2015–2016). *Her Story* [Videospiel]. Sam Barlow.

Sam Barlow (2022–2024). *Immortality* [Videospiel]. Half Mermaid Productions.

Santa Monica Studio (2022–2024). *God of War Ragnarök* [Videospiel]. Sony Interactive Entertainment.

Santa Monica Studio (2018–2022). *God of War* [Videospiel]. Sony Interactive Entertainment.

Square & Square Enix (1987–2025). *Final-Fantasy* [Videospiel]. Square & Square Enix.

Summerfall Studios (2023). *Stray Gods: The Roleplaying Musical* [Videospiel]. Humble Games.

Supergiant Games (2020–2024). *Hades* [Videospiel]. Supergiant Games.

Telltale Games (2012–2018). *The Walking Dead* [Videospiel]. Telltale Games.
Telltale Games (2013–2020). *The Walking Dead: Season Two* [Videospiel]. Telltale Games.
Telltale Games (2014–2021). *Tales from the Borderlands* [Videospiel]. Telltale Games.
Tribute Games (2022–2023). *Teenage Mutant Ninja Turtles: Shredder's Revenge* [Videospiel]. Dotemu.
Ubisoft Montpellier (2014). *Valiant Hearts: The Great War* [Videospiel]. Ubisoft.
Ubisoft Quebec & Ubisoft Chengdu (2020). *Immortals Fenyx Rising* [Videospiel]. Ubisoft.
Valve (2011). *Portal 2* [Videospiel]. Valve.
Witch Beam (2021–2023). *Unpacking* [Videospiel]. Humble Bundle.
ZA/UM (2019). Disco El*ysium* [Videospiel]. ZA/UM.